기차는 빈 그네를 흔들고 간다

기차는 빈 그네를 흔들고 간다

남유정 시집

문학의전당

自序

내 안에서 희미하게 새어나오는 불빛으로 길을 걷는다.
글썽이며 별이 돋는 날도 있다.
그런 날은 별빛에 기대기도 한다.
길에서 만난 꽃들은 아름다움과 상관없이 치열하게 핀다.
내가 낳은 시들을
제자리로 보낸다.
바람 아래
길이 멀다.

차례

1부

꽃이 돋는 까닭 • 13
회화나무 무릎을 베고 누워 • 14
바람이 피리를 불고 간 뒤 • 15
울음은 둥글다 • 16
견딤에 대하여 • 17
기차는 빈 그네를 흔들고 간다 • 18
가을날, 그대를 생각한다 • 20
사월, 꽃배가 떠가네 • 21
내가 한 장 풍경이라면 • 22
꽃들은 참을 수 없다 • 24
어느 날, 나는 • 25
산 • 26
부음 • 27
모과 향기에 잎새가 젖고 • 28
내 마음, 만돌린처럼 울고 싶다 • 29

2부

은방울꽃 • 33
달길 • 34
어디로 갈까 • 35
선인장 • 36
참새와 아이들 • 37
병아리 민들레꽃 • 38
우포의 아침 • 39
북한산 얼음 계곡 • 40
능소화 • 42
그 꽃, 부겐빌레아 • 43
나무들이 고개를 넘는다 • 44
다이아몬드 • 45
졸찬호텔 • 46
달빛이 물에 젖어 • 47
씨 • 48

3부

비는 말을 타고 달린다 • 51
옛집 우물 • 52
봄비에 푸른 잎이 젖네 • 54
슬픔이 잠들지 못 한다 • 55
슬픔에도 굳은살이 • 56
아버지와 산길을 걷다 • 58
가을이, 양수리에 • 59
단추 • 60
소드테일 • 62
사내가 상처를 꿰맨다 • 64
얼음집 • 66
잔인한 봄날 • 68
김간순 할매 • 70
어머니의 나무 • 71
세상에서 가장 긴 기도 • 72
길 • 73
헛꽃 • 74
북망산 • 75
황하 • 76

4부

빈집 • 79
사랑을 쓰다 • 80
편지 • 81
그녀가 온다 • 82
戀書 • 84
산비둘기가 우네 • 85
사막에서 편지를 쓰다 • 86
詩 • 88
폭우 • 90
미륵사 터에서 • 91
레돈도 비치 가는 길 • 92
레돈도 비치에서 시간과 놀기 • 93
때죽나무 • 94
단풍 • 95
가을밤엔 • 96
나무에게 묻다 • 97
그 바다는 지금도 거기에 있을까 • 98
회화나무에는 울음이 한 송이씩 핀다 • 99

해설 마경덕_고요하고 뜨거운 기다림 • 100

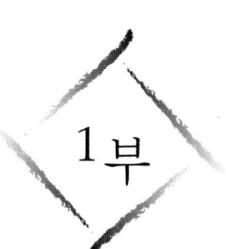

꽃이 돋는 까닭

내가 흔들리는 것은

당신을 향해

마음이 가지를 뻗으려 하기 때문

당신을 향해

그 단단한 거죽을 뚫고 나오려는

간절함이 있기 때문

회화나무 무릎을 베고 누워

늦은 봄날이
우듬지에 파란 물을 들이붓는다
나뭇가지가 살아난다

직박구리 몇 마리 날아와
부리를 문지르자
늦게 말문을 튼 아이처럼
나무도 수다스럽다

아이들이 돌아간 오후
빈 교실로 회화나무를 부른다
땀 흘린 아이들을 품어
기꺼이 품을 내어주던 넉넉함으로
녹색 그늘이 따라온다

회화나무 그늘을 베고 눕는다
이 아늑함이 내 것이라니
정신없이 사다리를 타고 오르내리는
직박구리들 사이 나뭇잎
푸릇한 숨으로 물들인다

바람이 피리를 불고 간 뒤

해 저문 자작나무 숲
밤의 정수리에 별빛 돋는다

껍질을 벗은
자작나무 하얀 살결에
악보를 그린다

가장 낮은 뿌리에서 밀어올리는
음의 높이를
나무는 온몸으로
흔들어 본 후에야 안다

바람이 아프지 않은 건
떠올릴 얼굴이
없기 때문이라는 걸

가지마다 날개를 접은 새들
악보에 부리를 박고 곤히 잠든다

몇 차례 바람이
피리를 불고 간 뒤

울음은 둥글다

실핏줄 드러난 가을이
밤새 타전하는
소리를 듣네

달을 굴리며
떠나간 나의 시간도
영 사라지는 것은 아니어서

저문 숲에 내리는 풀벌레 울음처럼 쌓여
마음의 가지 하나
아프도록 휘어지네

밤을 지피는 달빛 춤사위 사이로
귀뚜리 울음
또르르, 어디론가 굴러가네

견딤에 대하여

산은 제 무게를 견디느라
스스로 흘러내려 봉우리를 만들고
넘치지 않으려 강은 오늘도
수심을 낮추며 흐른다

사는 것은 누구에게나 왜 견딤이 아니랴

꽃순이 바람을 견디듯
눈보라를 견디듯
작은 나룻배가 거친 물결을 견디듯
엎드린 다리가 달리는 바퀴를 견디듯

적막과 슬픔을 견딘다
폭설로 끊긴 미시령처럼
생의 건너에 있는
실종된 그리움의 안부를 견딘다

기차는 빈 그네를 흔들고 간다

기차가 건너간 뒤
기적소리 오래 허공에 남아
마을 어귀
느티나무 빈 그네를 흔들고 간다
가물가물 철길은
기적소리를 따라가고
검푸른 숲그늘로
서늘하게 슬픔이 번진다

너 떠난 뒤
뒷산에서 한나절 뻐꾸기가 울었다
꼬깃꼬깃 접힌 쪽지를 들고
기차소리를 따라
하염없이 철길을 걸었다
어스름이 마을에 닿을 무렵
느티나무 빈 그네에 앉아 너를 생각했다
그리운 사람들은 돌아오지 않았다

쉬이 잊혀진 마음들
머물렀던 순간은 짧고

간이역은 언제나 그 자리를 지킨다
푸른 기적소리
어둠을 뚫고
저 멀리 막차가 사라진다

가을날, 그대를 생각한다

꽃들이 보이지 않는다
영 사라졌다고는 생각지 않는다
다시 오고야 말 몸짓이다
사랑도
내게서 내게로 숨어들었거니
나무들은
제 몸에 감춘 꽃을
미리 꺼내지 않으니
더딘 걸음으로
애태우며 오는 것을 기다린다
기다림은
시간 속으로 걸어가는 것이니
저 먼 사막까지 마중하는 것이니
대추가 찬바람 속에서
마침내 붉어지듯
해금의 심장에서
자진모리로 우는 숨을 꺼내듯
견딜 만큼 견딘 구름이
단숨에 쏟아져 내리듯
기어이 한바탕 춤이어도 좋다

사월, 꽃배가 떠가네

은하미용실 유리문 옆
목련나무 등불 아래
작은 문, 향기에 매달린 초인종을 지그시 누르면
후드득 꽃잎들이 달려 나오네
향기의 물결에 쓸려갈 듯

가물가물
곰삭은 나이테 안쪽
한 그루 목련이 있네
가지마다
일가를 이룬 꽃배들이
은하를 따라 긴 여정을 떠날 때면

알 수 없네
이 텅 빈 충만
들끓는 고요

꽃배들이 하르르
허공을 저어가네

내가 한 장 풍경이라면

초록빛 들에 물길 한 줄기 흘려 놓겠습니다

서로 바라보며 나부끼는 나무 몇 심어

나무가 그늘을 이루면

그 아래 나를 놓겠습니다

추억이 익어 갈 때쯤

슬픔이 기쁨인 줄도 알겠습니다

허공에 창을 내어

사철 푸른 잣나무 사이로

하늘도 내려오게 하겠습니다

별빛도 따라 오면 좋겠습니다

내 마음이 고요한 풍경이라면

행여 그 안으로 걸어오실,

그대 마음도 고스란히 받아 안고 싶습니다

꽃들은 참을 수 없다

가득 찼다는 신호가
몸을 찢고 나온다
눈도 뜨지 못한 채

단단한 껍질을 뚫고 나온다
오물거리는 입술
바람에도 훅 날아오른다
고통이 믿기지 않는
천연스런 불씨들

한 덩어리 삶의 열기가 꿈틀거린다
물꼬를 트며
환하게 지느러미를 흔든다

사람들이 덩달아 피어
깊이 쟁여둔 불씨가 살아난다
사람들 사이로 꽃이 걸어간다

어느 날, 나는

누군가 젖은 꽃송이 내 집 앞에 놓는다
한 울음이 나를 부른다
귀에 익은 목소리
내가 남긴 유언을 들고 와 흐느낀다
여기 있어요 소리쳐도 그는 듣지 못 한다
손을 흔들고 가슴을 쳐도
그에게 닿지 못 하는
안과 밖은 너무 멀어

무덤가에 제비꽃 한 포기 피었다고
산새가 울고 간다
어둠이 내리고
발소리마저 사라지고

한 오라기 빛도 들지 않는
어둠의 집에 나는 누워

산

 들어서는 순간 모습은 사라집니다. 눈보라 속으로 깊어지는 길이 있을 뿐. 나는 당신에게 깊숙이 발을 묻습니다.

 흰 눈 소복한 길, 잔가지들은 목화송이를 답니다. 산모롱이를 돌아가는 날짐승의 거친 숨소리가 보입니다.

 당신의 가슴은 너무 깊어 빠져나갈 수 없습니다. 무수한 길은 나를 망설이게 합니다.

 이렇게 많은 길이 당신에게 이르는 단 하나의 길인가요?

부음

꽃 지는 날은
그늘이 깊네

지치도록 울다가
옅은 잠에 빠진 상가
잠결에 깜박 한 울음이 깨어나
다른 울음을 깨우는 새벽
포도나무 초록 잎 끝에 매달린
이슬 한 방울이여

우리가 왔다가
어느 틈에 간다는 것을
이슬은 이파리에 쓰네

녹음이 푸른 손으로
꽃들 사라진 길을 덮네

모과 향기에 잎새가 젖고

종일 비가 오고
모과 향기를 지키느라
언제나 잎새가 먼저 젖었다

너보다
내가 먼저 젖었다

먼바다
절벽을 치는 파도소리로
울고 싶었다

내 마음, 만돌린처럼 울고 싶다

제 속을 다 비우고
나무는 소리를 만든다

은방울꽃

찰랑찰랑찰랑
맑은 꽃방 줄지어
아침의 고요 속으로 걸어 나와
가만가만 풀어놓는
방울소리

달길

달집을 허물었어요.

아기를 더 둘 건 아니지요? 의사가 수술을 권하며 농담을 했지요. 몸엔 달이 다니는 길이 사라졌어요. 달이 앉았던 자리는 움푹 파였어요. 운동을 하라더군요. 신생아실까지 걸어갔지요.

신생아실 창 앞에서 젊은 부부가 아기를 바라보고 있었어요. 태어난 지 겨우 다섯 시간, 아기가 새근새근 잠을 자고 있었어요. 복숭앗빛 발그레한 볼은 환한 달덩이. 달을 보는 순간 빈자리 가득 통증이 욱신거리며 일어섰지요.

이제 달은 몸으로 걸어 들어오지 않아요.

어디로 갈까

바람이 오동나무를 흔들며 물었지요

떨어진 나뭇잎이 대지에 입 맞추며 물었지요

제 울음을 다 뽑아낸 매미가 툭! 떨어지며 물었지요

흐르는 빗물이 나무 밑동을 붙들고 물었지요

지는 꽃잎이 바람에 실려가며 물었지요

목이 메인 사랑이 내게 물었지요

내가 하얗게 무너지는 마음에게 물었지요

선인장

마지막 낙타 발자국을 지우고
사막에 밤이 오면
온몸에서
바늘이 돋아납니다

천 개의 바늘은 안으로 찌르는
천 개의 고통

터번을 쓴 사내들이
모래 속으로 걸어 들어가고
목이 탈 때마다
선인장은 가시를 꺼내
혓바닥을 찌릅니다

원시림의 잔해 속에 갑옷을 입은
선인장,
내 푸른 몽고반점

참새와 아이들

느닷없이 교실로 날아든
참새 한 마리
문을 찾아 파드득
여기저기 날개를 부딪친다
엉뚱한 곳으로만 내닫는 새
교실에 일어난 작은 소동에
아이들이 겨드랑이에 꼭꼭 숨겨둔
날개를 꺼내기 시작한다
파드득거리기는 참새와 매한가지
복도 창마다 까만 눈동자들이
다닥다닥 붙는다
별안간 참새 한 마리가 교실로 뛰어든다
참새들은 용케 길을 찾아 나간다
봄을 기다리는 산벚나무 가지
가슴을 쓸어내린다
국어 시간, 아이들이 이마를 맞대고 소곤소곤
햇살이 따습다.

병아리 민들레꽃

딸이 다섯 살 때
솜털 보송보송한 병아리를 사왔다
베란다에서 노란 병아리가
삐악거리면
민지가 쪼르르 달려갔다
며칠 만에 죽자
작은 손 안에
병아리를 담고
민지가 말했다

할아버지, 병아리 심어줄래
흙에 심으러 가자

아파트 앞 감나무 밑에
할아버지가 흙을 파고
민지가 병아리를 묻었다
그 이듬해
감나무 밑에 민들레 한 송이가 피었다
병아리 몸에서 민들레가 자란 거야?
민지가 물었다

우포의 아침

어리연꽃 위
바람이 슬쩍
구슬 부딪는 소리를
올려놓으면

그것을
가만 읽는
햇빛이여

북한산 얼음 계곡

어느 순간 중심을 잃고 휘청
몸이 굳어지고
쉬지 않고 놀리던 혀마저 뻣뻣해졌을 것이다
앗 기억을 놓치는 순간
깊은 잠에 빠졌을 것이다

뱃속이 환하다
워낙 순간에 일어난 일
아직 소화되지 않은
나뭇잎 몇 장과 빨간 팥배열매들이 박혀 있다
풀풀 먼지 날리는
겨울 가뭄 끝이 보이지 않는다

한 겹 또 한 겹
조금씩 흘러가던 말들이 뭉쳐
갈수록 두꺼워진 얼음 계곡
결빙된 꿈 아래
가는 신음소리만 들린다

누가 끊어진 말을

읽을 수 있을 것인가?
봄이 오기 전 굳어버린 혀는
풀리지 않을 것이다

능소화

친친 동여매지 않고는
못 견딜 그 무엇이
너에게도 있었다
껴안은 힘으로
조금씩 숨이 조여
나무는 죽어 가고
뿌리까지 썩은 그 나무가
꼿꼿이 서 있었던 것도
너 때문

태풍 지나간 아침
마침내 쓰러진 나무에 엉겨서도
풀어낼 길 없는
저 농염한 구애!
네 곁
이렇게 뜨거운 한낮의 불 속을
걸어가게 하고

그 꽃, 부겐빌레아

겨우내 따뜻한 실내에서
쉴 새 없이 꽃을 피운
부겐빌레아
시인의 집 마당 한쪽에 아직도 등불 밝힌
저 속내도 필경
열사의 불붙는 어느 기억에 닿아있을 터

인도 발람푸르 마을
아득한 길목
노을이 되어
지나는 이의 마음에 뛰어들던
그 꽃, 부겐빌레아
오늘 시인의 뜰에 피어
한지에 스미듯
영혼을 물들인다

나무들이 고개를 넘는다

지릅재 넘어가는 오솔길
층층나무마다 층층이 쌓인 바람
이따금 낙하하는 눈꽃들이
물 위로 사르륵 일생을 녹인다

새하얗게 전신마취 된 폭포 한 줄기
들불처럼 번질 봄을 아는지
얼음물에 발을 담그고 면벽 수도 중이다

박새 한 마리 푸르르
고요한 산수화 속에서 깨어나는 겨울 산
불붙은 나무가 마음을 다 태우고 남긴 흔적들
낙엽 몇 잎으로 수장된 월악산 계곡
야윈 나무들 사이
시간이 허물어져
바람 한 자락 똬리를 튼다

살얼음 아래 감춘 물길 속으로
저 움트는 봄의 입김에 닿고 싶은 허기가
오늘도 마른 땅을 긁는다

골짜기마다 하얀 깃발이 펄럭인다

다이아몬드

얼마나 세찬 바람에
뿌리마저 뽑히고
흔들림을 멈추었느냐
먼 길 휘돌아 지친 날개
더 나아가기를 그쳤느냐
쉼 없이 피어난 빛
보드라운 살 속에 투신하고
눈물로 세운 날 위
터질 듯 부르던 노래
적멸에 잠겨
흐르는 물결 소리에도 더는
귀 기울이지 않게 되었느냐
마침내 난장의 불구덩이에
너의 전생애를 녹여
차고 단단한 불멸의 결정이 되었느냐
투명한 몸
눈이 부시다

졸찬호텔

　졸찬호텔 1108호 새벽 네 시, 깨어 보니 창에 그대 얼굴이 실려 있었네. 그윽한 눈길이 흘러들어 내가 이끌어온 고단한 길의 흔적들을 비추고 있었네. 멀리 온 데가 그저 지척이라니. 아, 밤물결 위로 번지는 연한 웃음. 부겐빌레아 꽃잎처럼 엷어지는 어둠을 걷어내고 있었네. 그대를 따라 파랑을 타고 오는 새벽 뱃머리에 나가 앉았네. 손을 뻗어 젖은 눈가를 만졌네. 순간 그대가 흘려보낸 현들이 일제히 생의 비밀을 연주하기 시작했네. 가슴이 떨렸네. 한 방울 한 방울 그대 내 손가락 사이를 빠져나가는 물거품이었네.

*졸찬 : 태국어로 '물에 비친 달빛'이란 뜻

달빛이 물에 젖어

 그가 말하더군요. 졸찬은 물에 비친 달빛이라고. 새벽이면 바다에 달빛을 건지는 어부의 노래가 은은히 울려 퍼진다고. 잠결에라도 그 노래를 듣는 사람은 문득 깨어나 잊었던 기억을 찾아 나선다고.

 그래선지 이틀 밤을 묵으며 새벽이면 어김없이 눈이 떠지더군요. 문에 기대어 달빛이 물에 젖어 오는 것을 보았지요. 길들여진 짐승처럼 순한 바다의 심장 소리. 수심은 좀처럼 속내를 드러내지 않는 법.

 당신도 깨어 물에 비친 달빛을 건져내고 있었나요? 우리가 함께 어떤 기억에 닿은 듯 소스라쳐 태초의 새벽을 노래하고 있었나요?

 가슴에서 빠져나간 새가 바람의 흐름에 초연한 날갯짓을 맡기던 그때.

씨

당신이 막 뱉어낸 것은
천 년의 유전
쓴맛으로 남은

또 한 생을
인동덩굴처럼 키우기 위해
어쩔 수 없이
살아남아
한 점
단단해질 대로 단단해진

비는 말을 타고 달린다

청동방울 소리 울린다
부푼 갈기 휘날리며
질풍노도, 고구려의 하늘이 달려온다

낙마하는 고분벽화 속 철갑 기병들
광야에 나아간 무사들이
목을 꺾고 운다

옛집 우물

굴참나무 숲을 빠져나가면
새소리로 피어나던 하얀 찔레꽃
산비탈이 빠르게 내려오다 멈추는 곳에
유년의 집 한 채

할아버지의 마른기침이
젖은 안개를 흔드는 새벽
할머니는 달달달 신발을 끌고
물을 길어 부엌으로 들어가신다
여물죽 끓는 아궁이
풍구에 맞춰 타닥타닥 왕겨가 빨갛게 달아오른다
닭이 홰치는 소리에
앞마당 안개 스러지고
느린 소울음이 긴 언덕의 능선을 타고 넘는다

오래된 기억엔
파랗게 이끼가 앉고
장독대 옆
메워진 우물

별은 이제 뜨지 않는다
돌확에 고인 빗물처럼
슬픔은 안으로 고인다

첨벙!
깊은 우물 안으로 두레박을 내린다

봄비에 푸른 잎이 젖네

줄기마다 불이 붙어
집을 뛰쳐나갔던,
내게는 불에 덴
상처가 있지요

기억의 주름 사이 각인된
갑골문자, 불길을 피하지 않은
고대국가의 뿌리 깊은
유골이 숨겨져 있어요

오세요
아프지 않게
불타며 날아간 꽃잎들의
흔적, 스러진
한 나라의 잔해처럼
휘어진 길마다 멍들어
지금 나는 푸르답니다

슬픔이 잠들지 못 한다

할 말을 다 해서 이젠 더 쓸 것도 없지만
세상이 쓸쓸해서
견딜 수 없어서 시를 쓴다던 늙은 시인의 육성*을
그가 떠나간 깊은 밤에 듣는다

그의 시에서
구름 떼 같은 폭풍이 인다
안쪽에서 걸어나오는
고요한 눈과 마주친다

문득 깨어 슬픔 안으로 손을 밀어 넣는다

*김춘수

슬픔에도 굳은살이

홍제천엔 바람이 산다
비가 올 때만 흐르는 물줄기
냇바닥이 말라 뼈가 다 드러날 때면 바람도
바닥에 눕는다
저물 무렵, 바람처럼 흘러온 노인들이 홍제천을 걷다가
십년지기처럼 속내를 튼다

바람 아래 살지만
세상 바람은 내게 안 들어와

여든여섯 잡수신 노인이 여든 노인에게 이르시는 말씀이다

험한 일을 당해도 정결하게 살았지
몸이 늙으니 눈물도 말라
슬픔에도 굳은살이 앉는 법이지
이봐, 듣지 말고
말하지 말고
세상에 눈길을 주지 마
내 몸은 소중하니 공대해야지

서른아홉, 남편이 떠나던 해
세상 바람이 다 문 안으로 들어와 캄캄할 때
칭얼대는 젖먹이였던 아들에게서 고맙게도
평생 밥을 자신다는 노인

바람이 두 노인의 이야기를 싣고
홍제천을 흘러간다

아버지와 산길을 걷다

오를수록
울창한 나무 사이
물소리가 멀어진다
소나무 가지 파란 하늘에
한 획을 힘차게 긋는다
그 사이에도 뭉게구름은 쉴 새 없이 핀다

봉긋한 산소에 가을볕이 머물고
구절초가 바람 흐르는 쪽으로 귀를 연다

아하 참, 그 자리 좋구나
가는 곳마다 아버지는
산소를 유심히 보신다

구름햇빛바람나라
목수도 미장이도 없이
아버지 혼자 틈틈이 집을 지으신다

가을이, 양수리에

실화기失花期를 지나온 너는
물밑, 낮은 울음으로 깊어지는
강물을 닮았네

저 물줄기도 지치도록
제 길을 찾아 헤매네
밤길 이슥토록
우리는 새벽이슬에 젖네
눈멀도록 고운 꽃자리
살아온 날들이 휘청거려도
돌아보지 않겠네

노을이 물빛에 풀어지네
겹겹이 몸을 포개어 흐르네
산의 뿌리에 닿을 때마다
나지막이 강물 뒤척이는 소리

운길산의 이마도
끝내 붉어지네

단추

단추 하나가
톡
떨어진다

그 순간
인천구치소 찬 마룻바닥
빨갛게 언
너의 맨발에
톡
떨어지던
한 방울의 눈물이
떠오른다

반짝이는 단추처럼
별이 빛나는 밤
고흐는 아를르의 밤하늘에서
거친 빛의 소용돌이를 읽고
별이 된다

떨어진 단추를 단다

반짝이는
우주에 매달린
별

소드테일

1

 난태생 소드테일이라는 열대어. 암컷의 배지느러미 아래쪽으로 긴 칼 꼬리지느러미가 나와 수컷으로 성전환을 한다. 암컷의 몸 안에 있는 알을 부화시킨다.

2

 직업소개소에서 만난 여자
 폐선이 되어 흘러온 여자
 가루비누를 뭉텅 쏟아 부어
 찌든 생의 얼룩을 지우던 여자
 베란다에 쪼그려 담배를 물고
 활활 타는 화병을
 소주잔에 들이붓던 여자

 불이 들끓는, 빠져나갈 수 없는 덫
 맨정신으로 견딜 수 없어요
 깊이 박힌 화살이 뽑히지 않아요

하루하루 삭아가는 여자의 몸에
수심 깊숙이 이억 삼천 볼트의 전류를 방전하고 싶다
담배꽁초 속으로 깊숙이 여자가 빨려 들어간다
까맣게 타들어 간다

사내가 상처를 꿰맨다
―돈이 없어 상처를 스스로 꿰맸다가 덧나자 뒤늦게 병원을 찾은 남자 이야기를 신문에서 읽다

깨어져 나간 모서리
아무렇게나 반창고를 붙인 거울 앞에서
마취도 없이 구불구불 가난을 박음질한다
바늘로 시뻘건 상처를 드러내는
삶의 속내를 봉인할 때마다
불꽃이 치솟는다

지금쯤 낡은 재봉틀이 된 아내도 구부리고
옷을 수선하고 있을 것이다
해진 옷을 누비는 손끝에
성곽처럼 견고한 흔적이 쌓이고 있을 것이다
아내는 일찌감치 누덕누덕 기우며 살아왔다

낮술 몇 잔에 벌겋게 달아
지하방 가파른 계단에서 고꾸라졌다
터진 혈관에서 피가 솟구쳐
와락 겁부터 났다
어떡하나, 병원은 무슨
생피 같은 돈을 어떻게
폐선처럼 가라앉는 이 몸에 부을 수 있겠나

조각조각 덧댄 생
매듭을 짓고
실밥 사이로 너덜너덜 늘어진 살을
녹슨 가위로 마무리한다
어차피 덧나는 생
얼굴 가득히 주름진 파도가 몰려온다
맨몸뚱이 하나로 건넌다

얼음집

도시락을 들고 나간 사람이
길 위에서 증발했다
일터에 가지 않고
집으로 돌아오지도 않았다
죽은 사람도 산 사람도 아니다
몽유인 양 수없이 흔적을 찾아 헤맨 길은 이제
그녀의 몸 안으로 들어왔다

온기 한 점 올라오지 않는 방
밤마다 가슴에 품었던
깃털을 하나씩 떼어
새하얗게 일어나는 아기의 울음을
잠재우기 시작하면서
그녀는 더 이상 날지 못했다

붉은 가압류 딱지가 붙은 집안을
그림자처럼 슬슬 피해 다니면서도
손톱이 으깨지도록 우물을 판 건
희망이 아니라 치욕이었다
바닥까지 닿아보자고

밑바닥을 차고 오르는 길도 있는 거라고

돌아온 남편이 전등을 갈고
헐거워진 문짝의 나사를 조이고
아기의 발가락을 만지작거리는 꿈을 꾸는 날은
메마른 주름 사이 건천乾川에도 웃음이 돌아
얼음집 안쪽이 몰래 부풀어올랐다
풀피리소리 들려왔다

잔인한 봄날

산그늘 밖으로
배를 띄우고 흐르던
몇 겹의 물결
봄날은
한 생이 뜬구름이었네

햇빛이 긴 낚싯줄처럼 내려와
꽃잎들을 공중으로 낚아 올리던
그때였을까
그의 숨이 멎은 순간은

나무연꽃, 나무에 켠 연등, 나무의 영혼
푸른 양철대문 옆에 앉아 부르던
낮은 목소리
굳은 혀에 감기고
첫 몽정처럼 쏟아내던 몽환의 기억들
누군가 밟고 가야 할 산등성이처럼
말없이 오빠는 누워

그가 남긴 시집 한 권, 책갈피 속

마른 꽃들, 산하로
돌림병처럼 번지네
뭉게구름, 어디론가
하염없이 실어 나르는
늦은 봄날의 집 한 채

김간순 할매

치매 병동, 콩밭인 듯
창틀을 만지며 지나간다
김간순 할매

사월에 파종한 콩
떡잎들이 고개를 내민다 했더니
어느새 긴 밭고랑마다
넘실대는 푸른 콩잎
콩이 들어차는 꼬투리 속이
들여다보지 않아도 훤하다
모양과 빛깔이 같은 콩들
여물고 있는 중이다
콩대를 뽑아들고 콩깍지를 따낼 생각에
늙은 볼우물이 팬다

방충망이 뜯어지도록
더듬더듬 창틀을 매만진다
김간순 할매
오늘도 해가 지기 전에
콩밭을 다 매야 한다

어머니의 나무

우기엔
부글부글부글 장항아리 속처럼
마음도 혼자 끓어
살아갈수록
비 젖는 날은 많다

어머니의 가슴에 박힌
그늘 넓은
나무 한 그루
다섯 남매가 오글오글
녹색의 빛을 갉아먹으며 자랐다

바람 많은 가지를 부여잡고
그 비를 다 맞으시고
어머니 뿌리는 끝내
뽑히지 않았다

세상에서 가장 긴 기도

발가벗긴 몸
아홉 달의 아기
철제 침대 모서리에 손과 발을 묶인 채
새파란 울음소리
수술실 안으로 사라졌다
고개를 꺾던 순간
시간은 그 자리에 멎었다

나는 지상에서 가장 긴 기도를 드렸다

축 늘어진 몸으로 바퀴 달린 침대에 실려 나온 너
삶과 죽음이 공존하는 바다에서 안아 올렸다
여린 이마, 실핏줄에 꽂힌 링거바늘
너는 울지도 않았다
불면 꺼질듯 애처로운 숨소리,
한 생명의 어미가 되기 위해

내 생애 가장 긴 기도를 가슴에 품었다

길

 입술 아래 동전만 한 복점이 있어 아들 딸 낳고 복 있게 살 거라고 아들에게 입버릇처럼 말했다. 어머니를 뒤에 태우고 장난기 많은 아들이 까꿍 하고 돌아보는 순간 어머니가 땅으로 굴렀다

 그의 집은 언덕 위에 있었다 거미줄처럼 이어진 무수한 샛길들이 언덕 위를 오르고 또 올랐다

 하회탈처럼 웃던 과수원 집 아들 영익이, 어머니는 돌아오지 않고 그는 루도비꼬 신부가 되었다

헛꽃

해이리 마을 식물나라 뒷산 오솔길에 산수국
네잎클로버 모양의 남보랏빛 꽃이 곱다. 헛꽃이다. 그 아래 쌀알같이 조랑조랑 달려 있는 것이 참꽃이다.
불임의 헛꽃은 벌과 나비를 부르기 위해 산수국이 내어단 미끼. 가짜꽃들을 향해 날아드는 벌들

헛꽃들은 이내 녹색으로 변한다
산수국의 헛꽃이 헛수고는 아니다. 반짝이는 네온 광고, 화창한 간판을 보고 웽 날아드는 벌이 있다.

소나기가 지나간 저녁 뽀시시 화장을 한 헛꽃 아래 참꽃들이 숨을 죽인다.

북망산

낙양으로 가는 버스 안 중국 여자 리리가
황량한 들판을 가리키며 북망산이라고 한다
마른 풀잎들을 지붕인 양 이고 선 무덤들
거미줄처럼 이어놓은
침묵의 그물에 번번이
바람의 굶주린 울음이 걸린다
들불처럼 번지는 노을에
황하대륙이 울고
새들은 바람의 물결을 타고 난다
날아오르지도
내려놓지도 못하는 것은
누더기 진 죄가 깊어서일까
저 허물처럼 남겨진 북망의 무덤에서조차
용서받지 못할 것이 있다 해도,
황하의 물결이 안고 온
황사 광활한 벌판처럼
내 마음에 쌓이는 것이 남루뿐이라도
뉘우침은 언제나 뒤늦게 온다

황하

돌아갈 곳을 알고
떠나는 길
멀리 왔다 하여
지고 온 곱사등이 슬픔
끝내 버릴 수 없다

진흙 펄 황하黃河 지류
황사의 기억이 닿아 있는
봄날의 뿌리를 향해
거슬러 오르는 배
미처 대답을 기다릴 새도 없이
강물은 지나간다
숱한 질문을 물 위에 띄우고
더러는 가라앉히며

질풍노도의 황사에
경계란 경계가 모조리 쓸려 가는
봄날
버짐 핀 하늘로
새 한 마리
노랗게 허기를 물고 날아간다

빈집

오랫동안 아무도 오지 않은 집
플러그마저 뽑아내고
잊힌 그림자가 산다
바람이 불면
틀에 맞지 않는 창문이 덜컹거린다
창에 그림자가 매달려 있다

거미는 높이 올라가 바람 불기를 기다린다
바람에 멀리 몸을 날리려

사랑을 쓰다
-발다로의 연인*

당신에게 내 마음을
새겨 넣었지요

당신 몸에서
내 몸이 피어났지요

오천 년 동안
당신을 껴안고 있었지요

당신의 뼈가 되었지요

*포옹한 모습으로 발다로 지역에서 발굴된 신석기 시대 남녀의 유골

편지

그대 마음에
꽃 한 송이 피고
그대 마음에
달 떠오르면
내 마음도
그런 줄 아세요

그대 마음에
바람 불고
그대 마음에
나뭇잎 지면
내 마음도
그런 줄 아세요

그녀가 온다
−이수동의 그림〈그녀가 온다〉 읽기

강물이 위에서부터 어는 것은
강바닥에 엎드린 물고기들을
깨우지 않기 위해서예요

살얼음을 밟으며
그녀가 온다
넌지시 풀어진 길 한 가닥
낮은 구릉을 넘어
자작나무 숲을 지난다
얼어붙은 강 앞에
납죽이 발을 모으고
그녀를 마중한다

깊은 밤 몰래 눈이 쌓이는 것은
땅 속 깊이 묻어둔 기다림을
익어가게 하기 위해서예요

하얀 숫눈길을 지나
그녀가 온다
환하게 불을 켜는

외딴 집 한 채
불빛이 처마 밑을 발그레 물들인다

    누구 없나요?
    아무도 없나요?

달빛이 발목의 눈을 털며 잔기침을 한다

戀書
−이수동의 그림(戀書)읽기

여린 봉숭아 꽃잎 칭칭 동여매고 왔습니다
바람은 오늘도 내게서 당신 쪽으로 붑니다

바늘 끝에 찔리며 수놓았던 무수한 낮과 밤들
들녘에서 마른 꽃 냄새 나는 편지를 태웁니다
불타는 사원에서 막 피어난 흰 구름꽃들이 푸른 강을 건너갑니다
꽃물 번지는 길 여전히 뜨겁습니다
검게 그을린 허공의 담벼락에 기대어 마지막인 듯 당신을 부릅니다

사리를 수습합니다
수틀에 낀 하늘을 팽팽하게 당깁니다
당신을 기억하지 않겠습니다

산비둘기가 우네

한바탕 몸 안의 피 다 쏟아내고
훌쭉한 산벚나무
산비둘기 한 쌍 품어
둥지를 틀었는지
뉘엿뉘엿 해거름 수풀이
어두워진다

점자 짚는 손끝처럼
산비둘기
더듬더듬 운다

물방울 건너가는 소리
머위 잎새로 후드득
떨어지는 울음방울

저 몸 안이 그대로 둥글고 깊은 길이다

사막에서 편지를 쓰다

폐허 위로
한 줄기 목마른 길이
지평을 부른다
하얗게 비워진 길로
단봉낙타 한 마리 걸어간다

발바닥을 달구는 모래알보다도
외길의 부름은 더욱 뜨거워
지평에 자일을 던지는
나의 낙타여

기억의 저편, 이미
아로새긴 슬픔의 내력
그대여, 더는 묻지 마라
광활한 지평을 태우는 노을처럼
마음의 불길을 따라 내달리며
낙타의 등이 평평해질 때까지 느리게
걷고 또 걸어 나아갈 뿐

달빛마저 바람에 쓸리는 폐허

물결치는 이랑마다
노래의 씨앗을 뿌린다
어둠 가득히 성운이 흐르는 밤이면
저 하늘을 지붕 삼아
돌아오는 물길의 소리
가슴으로 파고드는
그 가락에 젖으리라

詩

한 시인을 만나고 돌아오는 밤
내가 쓴 시는
시가 아니었다
어디서부터 어떻게
날을 세워야 할까

칼질을 잘 한
한석봉의 어머니
손을 베어본 사람만이
떡을 썰 수 있으리라

세검정洗劍亭을 지날 때
흐르는 물에 칼 씻는 소리 들린다
칼에 잘리고도
피 한 방울 흘리지 않고
봉합되는 물소리

단숨에 스치듯
새파랗게 날을 세워야 한다
저 물소리처럼

깨어 있어야 한다

폭우

허공을 달려와 터지는 포화
삼엄한 계엄령이다
내리꽂히는 창살에 갇힌다
전의를 상실한 빌딩 숲 사이
뿌리 뽑힌 가로수에서 푸르디푸른 이파리
제 죽음을 모르는 채 노래한다

탈주를 꿈꾸는 길 하나
물집처럼 부풀어
비무장지대로 간다

뼛속 깊이
감염되지 않은 바람 속에서
천둥 번개꽃,
꽃이 터진다

미륵사 터에서

무성한 풀잎 속
뽑히지 않은 울음이 있다
주춧돌이 얼룩져 있다

텅 빈 자리
바람이 스칠 때마다
뎅, 데엥
풍경이 운다

한 적막이 당도하는 동안
그 숨은 내력마저 고스란히 읽어줄 듯

바람이 달려와
허물어진 절 한 채를
만지고 간다

레돈도 비치 가는 길

레돈도 비치 가는 길, 양귀비꽃
바람에 기댄 채 말을 할 듯 입술을 달싹였지요

물기 도는 말을 흘리고 있었지요
젖은 귀를 숨기고
향기를 길게 끌고

내가 하고 싶은 말들을 다 안다는 듯
술렁이는 길들이 꽃들을 데리고 따라왔어요

바람이 내려놓는 빈자리마다
두근두근 심장이 뛰었어요

*레돈도 비치 : LA 근교의 해변

레돈도 비치에서 시간과 놀기

시간의 물결에 낚싯대를 드리웁니다

멈추었던 프로펠러가 돌고
씨앗들이 일제히 날아갑니다
환해지는 공중
영혼의 옷깃인 양 날개를 편 새들이 물결 위를 납니다

파도치는
푸른 골짜기로 내려갑니다
조약돌 둥근 시간의 가슴에 기대어 듣는
원시림의 노래

찌가 움직입니다

때죽나무

하나 둘 사라져간 것들
모두 한 자리에 모여
발돋움하며
별이 돋는 밤

가지런히 모은 발끝을 내려다보며
때죽나무 하얀 꽃은 피어
가는 봄날이 마침내
저승길처럼 밝다

내 어린 날 가슴 졸이며 지나던
그늘진 상여 자리
물소리에도
때죽나무 꽃은
저토록 순하게 희어

단풍

새파란 하늘

입 안 가득 베어 물고

나이테로 친친 동여맨 몸뚱이

독이 온몸에 퍼져

손끝까지 발갛게 떨고 있는

저 개옻나무

가을밤엔

보이는 것에서 보이지 않는 것까지
가까운 것과 먼 것이 다
그리움이다

은행잎 노랗게 물드는 밤
푸른 산소를 흔드는 박달나무
물어온 길을 날개 아래 접는 새들
다른 어느 시간 속에선가
내게로 올 채비를 막 끝낸 여명의
푸르스름한 지평까지

와 있는 것
아직 오지 않은 것
다 그리움이다

나무에게 묻다

그대는 왔다
그 많은 꽃들의 질문처럼

내가 끊임없이 대답하고 싶은 순간
그대가 나를 부르는 거라고

몸 안의 시계 더디 흐르고
강물은 나날이 불어

흐린 날 새들은 나지막이 날고
비 올 때 나비는 꽃그늘 아래 날개를 접었다

여전히 한 그루 나무인 그대
내게 질문으로 남아 있다

그 바다는 지금도 거기에 있을까

그 섬의 이마에 별이 살았다
어둠 속에서 피어난 잔별들의 웃음은
자주 솔바람에 몸을 섞었다
싱싱한 이빨로
발목을 잘근잘근 물던 파도
진물 흐르는 기다림을 한참 넘어서
수평선에 매어 달리던
작은 바위섬, 작약도
섬의 발목을 적시며
드나드는 파도

마음은 얼마나 작은 것이 되고서야
먼 곳의 바람이 되어
투명하게 나부낄 수 있을까?
돌아오지 않을 수 있을까?

문 안에 출렁이는 푸른 물에
떠내려갈 듯 떠내려갈 듯 작은 섬
오래전 그 바닷가의 새벽을 향해
맨발로 달려간다

회화나무에는 울음이 한 송이씩 핀다

은은히 쇠붙이 부딪는 소리로 울다
어느 틈에 떨어져 버린다는 자명괴自鳴槐
바구니마다 꽃잎을 담아놓으면
한 송이 울음을 찾아낼 수 있다는데

울음 한 송이를 찾아
운동장에 서 있는 회화나무 아래로 간다
연둣빛 꽃들이
나야, 나야 손을 흔든다
아니지
울음은 간절하게 비어 있는 거
저무는 하늘빛을 이마에 담고
별이 돋기를 기다리는 거

회화나무 그늘 아래
고만한 어둠이 살을 섞으며
알아채는 눈빛끼리 인사를 한다

■해설

고요하고 뜨거운 기다림

마경덕(시인)

　나직이 들려주는 목소리가 은근하다. 남유정의 시들은 고요함 속에 쉼 없이 일렁인다. 잔잔한 수면을 쓸고 가는 바람을 견디며 고요히 끓는다. 결이 곱고 섬세한 시들이 끊임없이 최면을 걸어온다. 남유정의 시들은 다분히 중독성이 있다. 어느새 그와 함께 회화나무 무릎을 베고 누웠다가 한 장 풍경이 되기도 하고 기차가 떠난 철길을 따라 걷는다. 미세한 떨림에 귀를 열면 나뭇가지 사이로 스치는 바람이 보이고 모과향에 잎새 젖는 소리, 밤하늘 별 돋는 소리가 들린다. 회화나무에 울음이 한 송이씩 필 때면 은연중에 그녀 쪽으로 마음이 휘어진다. 누군가를 향해 마음의 가지들이 휘어지는 그의 감성적인 시들은 풍경처럼 아름답다. 그러나 서정抒情만으로 그치지 않는다. 그 아름다움을 들춰보면 오래 참음, 숨겨진 상처, 간절함이 들어있다. 서사적 묘사와 서정적 토로가 그녀를 절절 끓게 한다. 그는 꽃이 돋는 까닭을 이렇게 적었다.

    내가 흔들리는 것은

    당신을 향해

    마음이 가지를 뻗으려 하기 때문

    당신을 향해

    그 단단한 거죽을 뚫고 나오려는

    간절함이 있기 때문

-「꽃이 돋는 까닭」 전문

흔들리는 것들은 흔들어대는 것들로 인해 흔들린다. 어디에도 스스로 흔들리는 것은 없다. 거죽을 뚫게 하는 힘, 간절함만이 몸을 찢는다. 아픔 없이 그에게 닿을 수 없다. 남유정은 자연을 통해 사랑을 노래한다. 그리움 없이는 한시도 숨을 쉴 수 없다. 사랑은 그를 살게 하는 호흡과 같아서 잠시도 멈출 수 없다. 나무를 자주 등장시키는 그의 청정한 시들은 다분히 식물성이다. 시를 더듬어 보면 풋풋한 나뭇잎 냄새와 숲을 흔드는 바람 냄새에 파랗게 물이 든다. 잠든 나무 하나가 흔들리고 이파리 하나가 젖어 가지가 젖고 우듬지가 젖는다. 그의 숨겨진 열정이 조심조심 숲을 흔들어 마침내 숲을 울게 한다. 이렇듯 그의 시들은 고요히 파문을 일으킨다.

>해 저문 자작나무 숲
>밤의 정수리에 별빛 돋는다
>
>껍질을 벗은
>자작나무 하얀 살결에
>악보를 그린다
>
>가장 낮은 뿌리에서 밀어 올리는
>음의 높이를
>나무는 온몸으로
>흔들어 본 후에야 안다
>
>바람이 아프지 않은 건
>떠올릴 얼굴이
>없기 때문이라는 걸
>
>가지마다 날개를 접은 새들
>악보에 부리를 박고 곤히 잠든다

    몇 차례 바람이

    피리를 불고간 뒤

―「바람이 피리를 불고간 뒤」 전문

  오래전, 밤마다 피리를 불던 사람이 있었다. 누가 어디에서 피리를 부는지 알 수는 없지만 적막을 뚫고 바람결에 실려 온 가락은 밤새 끊어질 듯 이어지며 사춘기 소녀를 달뜨게 했다. 밤 피리는 낮에 부는 피리와 사뭇 다르다. 달빛처럼 은근하고 이유 없이 구슬프다.

  바람이 자작나무 숲에 들어 피리를 부는 때도 별빛 돋는 밤이다. 밤의 정수리에 별빛이 뜨고 어둠 속 자작나무 하얀 살결이 눈부시다. 날개를 접은 새들은 곤히 잠들어도 바람은 피리를 부는 손을 멈추지 않는다. 바람이 아프지 않는 건 사랑할 대상이 없기 때문, 사랑이 크면 클수록 더 깊이 앓는다. 뿌리 채 흔들려 본 나무만이 바람의 위력을 안다. 상처에 온몸을 흔들려보지 않고 어떻게 사랑을 말할 것인가? 시인은 바람이 몇 차례 지나가도록 숲을 떠나지 못한다.

    실핏줄 드러난 가을이

    밤새 타전하는

    소리를 듣네

    달을 굴리며

    떠나간 나의 시간도

영 사라지는 것은 아니어서

저문 숲에 내리는 풀벌레 울음처럼 쌓여
마음의 가지 하나
아프도록 휘어지네

밤을 지피는 달빛 춤사위 사이로
귀뚜리 울음
또르르, 어디론가 굴러가네

— 「울음은 둥글다」 전문

 울음에도 바퀴가 있어 밤새 귀뚜리 울음이 또르르 굴러간다. 굴러간 것들이 돌아오기까지는 얼마나 많은 날을 참아야 하나? 실핏줄이 드러난 가을, 귀뚜리도 밤새 마음을 타전하는데 달을 굴리며 떠나간 시간은 어디로 갔는가?
 시인은 가을 달빛처럼 외롭다. 저문 숲에 내리는 풀벌레 울음이 쌓여 마음의 가지 하나 휘어진다. 떠나간 시간들의 무게로 마음이 휜다. 기우는 것이 넘쳐 비로소 휘어진다. 무게의 중심은 멀리 있다. 손을 뻗어도 닿지 않는 것들은 수시로 마음을 당긴다. 구부려지는 것들은 아직 마음이 식지 않았다는 것, 마음이 떠나면 쉽게 부러진다. 잊혀졌다는 것은 마음의 가지가 부러졌다는 것이다.

  산은 제 무게를 견디느라

스스로 흘러내려 봉우리를 만들고

넘치지 않으려 강은 오늘도

수심을 낮추며 흐른다

사는 것은 누구에게나 왜 견딤이 아니랴

꽃순이 바람을 견디듯

눈보라를 견디듯

작은 나룻배가 거친 물결을 견디듯

엎드린 다리가 달리는 바퀴를 견디듯

적막과 슬픔을 견딘다

폭설로 끊긴 미시령처럼

생의 건너에 있는

실종된 그리움의 안부를 견딘다

―「견딤에 대하여」 전문

  사람에 따라 슬픔의 무게도 다르다. 쉬 잊혀진 사랑이 있는가 하면 죽을 때까지 놓지 못하는 사랑도 있다. 견딤이 없는 사랑은 자라지 못한다. 산은 태산 같은 무게로 산을 지키고 강은 넘치지 않으려 바닥에 엎드린다. 눈보라를 견딘 꽃들이 아름다운 꽃을 피우듯, 견디는 것들은 적막해서 슬프다. 작은 배가 거친 물결을 받아내기엔 힘이 부치지만 사랑은 초능력을 가지고 있다. 폭발적인 에너지가 사랑의 힘이다. 생의 건너에 있는 실종된 이름, 그러나 견뎌야 한다. 소식이 끊겼다고 마음마저 끊긴 것은 아니다. 시인은 기다림의 힘으로 시를 쓰고 견딘다. 잠잠히 견딤, 곧 남유정의 힘이다.

> 꽃들이 보이지 않는다
> 영 사라졌다고는 생각지 않는다
> 다시 오고야 말 몸짓이다
> 사랑도
> 내게서 내게로 숨어들었거니
> 나무들은
> 제 몸에 감춘 꽃을
> 미리 꺼내지 않으니
> 더딘 걸음으로
> 애태우며 오는 것을 기다린다
> 기다림은
> 시간 속으로 걸어가는 것이니
> 저 먼 사막까지 마중하는 것이니
> 대추가 찬바람 속에서
> 마침내 붉어지듯
> 해금의 심장에서
> 자진모리로 우는 숨을 꺼내듯
> 견딜 만큼 견딘 구름이
> 단숨에 쏟아져 내리듯
> 기어이 한바탕 춤이어도 좋다

―「가을날, 그대를 생각한다」 전문

  보이지 않는 것들은 꼭 보이지 않는 것일까? 제 철이 아니면 제 몸에 숨은 꽃을 내보이지 않는 나무는 오가는 때를 안다. 사랑 또한 어느 날 숨어들어 애를 태우게 한다. 사랑의 크기만큼 앓아야한다. 빈 몸이 된 가을나무들. 그러나 꽃은 다시 핀다. 그것은 무언의 약속이다. 떠나 멀어진 안타까운 사랑도 언젠가는 다시 돌아오리라. 사막처럼 황량한 계절에도 믿음이 있고 희망이 있다. 사랑은 참고 견디다가 멀고 먼 사막까지 마중을 나가는 일, 시인이 걷고 걸어서 사막까지 마중을 가는 것도 이 때문이다.

  이 시에서 눈길을 끄는 것은 지지러질 듯 떨며 우는 '해금의 심장'이다. 해금은 고려 예종 때에 중국 송나라에서 들어온 향악기에 속하는 악기 중의 하나. 흔히 깡깡이라고도 불리는데 큰 대의 밑뿌리를 사용해 만든 악기라 한다. 언젠가 해금 연주를 듣고 그 아름답고 섬세한 선율에 매료되었다. 말총 활대로 명주실을 꼬아 만든 두 줄의 현을 문지르는 해금 연주자의 손끝을 따라 소리가 밀고 당겨졌다. 대나무 공명통에서 흘러나오는 변화무쌍한 음의 조화에 단숨에 홀리고 말았다. 그 볼품없고 단순한 악기의 소리가 어찌나 애절하던지 해금 속으로 내 영혼이 빨려들었다. 그때 전율하는 해금의 심장을 보며 내 볼품없는 몸에서 해금 소리 같은 시를 꺼내리라 다짐하였다.

  가야금이나 거문고에 비해 두 줄밖에 없는 단순한 해금, 남유정 시인은 해금의 뜨거운 심장에서 자진모리로 우는 숨을 꺼낸다. 무르익은 슬픔이 일시에 쏟아져 내리듯, 그대를 생각하는 마음은 목까지 차올랐다. 슬픔이 끓어오르듯, 시도 목까지 끓어올랐다.

시인은 기다림에 익숙하다. 詩를 기다리고, 꿈을 기다린다. 찬바람이 불어야 풋대추도 쪼글쪼글 붉어지고 겨울을 건넌 빈 가지에도 꽃눈이 튼다. 이 모두 견딜만한 기다림이다. 기다림이야말로 시인을 살게 하는 힘이다.

> 들어서는 순간 모습은 사라집니다. 눈보라 속으로 깊어지는 길이 있을 뿐. 나는 당신에게 깊숙이 발을 묻습니다.
>
> 흰 눈 소복한 길, 잔가지들은 목화송이를 답니다. 산모롱이를 돌아가는 날짐승의 거친 숨소리가 보입니다.
>
> 당신의 가슴은 너무 깊어 빠져나갈 수 없습니다. 무수한 길은 나를 망설이게 합니다.
>
> 이렇게 많은 길이 당신에게 이르는 단 하나의 길인가요?
> ―「산」 전문

보잘것없는 사람이라도 사랑하는 동안은 산이 된다. 아니 산이어야 한다. 사랑을 찾아 겨울산에 들었다 하자. 사랑이 쌓인 눈처럼 깊다고 치자. 무릎까지 차오르는 눈길에 갈팡질팡, 넘어져도 날짐승의 거친 숨소리가 머리끝에 닿을지라도, 사랑은 포기하지 않는 것, 그러나 망설이다가 그대에게 한 발을 들여놓는 순간, 사랑은 사라진다. 그대를 향해 너무 멀리 떠나왔다. 오던 길이 깊어 되돌아갈 수 없는데 당신이 너무 깊어 빠져나갈 수 없는데….

  길은 오직 하나다. 시인은 묻는다. 이렇게 많은 길이 당신에게 이르는 단 하나의 길인가요?"

    바람이 오동나무를 흔들며 물었지요

    떨어진 나뭇잎이 대지에 입 맞추며 물었지요

    제 울음을 다 뽑아낸 매미가 툭! 떨어지며 물었지요

    흐르는 빗물이 나무 밑동을 붙들고 물었지요

    지는 꽃잎이 바람에 실려가며 물었지요

    목이 메인 사랑이 내게 물었지요

    내가 하얗게 무너지는 마음에게 물었지요
-「어디로 갈까」 전문

  사랑이여 날 두고 어디로 가나요? 그대를 따라가야 하나요? 울음을 멈추고 이대로 기다려야 하나요? 나를 흔들던 바람이

여, 나를 떨게 하던 사람이여, 난 여기 있는데, 오랫동안 기다리고 있는데… 하얗게 무너지는 사랑이여, 부디 울지 말아라.

스스로 내게 물었던 질문, 시인이 시인에게 물었던 수많은 질문은 고스란히 몸에 쌓여있다. 아무도 대답을 해주지 않아서 그대로 남아있다. 사랑은 아무도 가르쳐주지 않는다. 시작이 아디인지 끝이 언제인지, 어디로 갈지 모른다. 여전히 한 그루 나무인 그대는 질문으로 남아 있다.

> 당신에게 내 마음을/새겨 넣었지요//당신 몸에서/내 몸이 피어났지요//오천 년 동안/당신을 껴안고 있었지요//당신의 뼈가 되었지요
>
> —「사랑을 쓰다」 전문

이탈리아 북부 만토바 인근 발다로에서 신석기 유적을 발굴하던 고고학자들이 찾아냈다고 하는 껴안은 채로 발굴된 남녀의 유골, 발다로의 연인을 노래한 시이다. 죽음까지 가고 싶은 간절한 바람이 묻어있다.

> 내가 끊임없이 대답하고 싶은 순간
> 그대가 나를 부르는 거라고
>
> —「나무에게 묻다」 부분

대답하고 싶은 순간 그대가 나를 부르는 것이라고 믿는 남유정은 우는 법을 잘 안다. 목까지 차오른 울음도 삼킬 줄 안다.

슬픔이란 혼자만의 것이다. 슬픔은 오롯이 남겨진 자의 몫이다. 울음을 참지 못한다면 남겨지기 전에 먼저 떠나야 한다.

> 해이리 마을 식물나라 뒷산 오솔길에 산수국
> 네잎클로버 모양의 남보랏빛 꽃이 곱다. 헛꽃이다. 그 아래 쌀알 같이 조랑조랑 달려 있는 것이 참꽃이다.
> 불임의 헛꽃은 벌과 나비를 부르기 위해 산수국이 내어 단 미끼. 가짜꽃들을 향해 날아든 벌들
>
> 헛꽃들은 이내 녹색으로 변한다
> 산수국의 헛꽃이 헛수고는 아니다. 반짝이는 네온 광고, 화창한 간판을 보고 웽 날아드는 벌이 있다.
>
> 소나기가 지나간 저녁 뽀시시 화장을 한 헛꽃 아래 참꽃들이 숨을 죽인다.
>
> — 「헛꽃」 전문

산골짜기에서 자라는 산수국. 야산 어디서든지 볼 수가 있었지만 요즘은 귀한 꽃이 되었다. 7~8월에 흰색과 하늘색으로 꽃이 피는데 꽃빛이 여러 차례 변한다. 1m 정도의 작은 키에 가지도 연해서 풀처럼 보이지만 산수국山水菊은 화초가 아니고 낙엽관목 즉 나무라고 한다. 누가 가르쳐 주었을까? 불임의 산수국이 살아남는 법은 헛꽃으로 벌을 유인하는 것, 우리는 얼마나 많은 헛것에 속아 왔던가? 떠난 사랑에 속아 울던 날들, 탕

진한 시간은 얼마인가? 그러나 남유정은 그것마저도 헛수고는 아니라고 한다. 크건 작건 사랑은 계산되어서는 안 된다. 따지는 순간, 사랑은 아니다. 손해 보지 않으려면 사랑을 해서는 안 된다. 사랑은 받는 것이 아니라 주는 것이다. 이렇듯 남유정의 시들은 관대하고 긍정적이다.

    기차가 건너간 뒤
    기적소리 오래 허공에 남아
    마을 어귀
    느티나무 빈 그네를 흔들고 간다
    가물가물 철길은
    기적소리를 따라가고
    검푸른 숲그늘로
    서늘하게 슬픔이 번진다

    너 떠난 뒤
    뒷산에서 한나절 뻐꾸기가 울었다
    꼬깃꼬깃 접힌 쪽지를 들고
    기차 소리를 따라
    하염없이 철길을 걸었다
    어스름이 마을에 닿을 무렵
    느티나무 빈 그네에 앉아 너를 생각했다
    그리운 사람들은 돌아오지 않았다

쉬이 잊혀진 마음들
머물렀던 순간은 짧고
간이역은 언제나 그 자리를 지킨다
푸른 기적 소리
어둠을 뚫고
저 멀리 막차가 사라진다

― 「기차는 빈 그네를 흔들고 간다」 전문

쓰라린 이별마저도 아름답다. 긍정의 힘이다. 어스름이 마을에 닿을 때까지 하염없이 철길을 걸어 느티나무 빈 그네에 앉아 떠난 사람을 생각하지만 그리운 사람들은 돌아오지 않는다.

누군가 젖은 꽃송이 내 집 앞에 놓는다/한 울음이 나를 부른다/귀에 익은 목소리/내가 남긴 유언을 들고 와 흐느낀다/여기 있어요 소리쳐도 그는 듣지 못 한다/손을 흔들고 가슴을 쳐도/그에게 닿지 못 하는/안과 밖은 너무 멀어//무덤가에 제비꽃 한 포기 피었다고/산새가 울고 간다/어둠이 내리고/발소리마저 사라지고//한 오라기 빛도 들지 않는/어둠의 집에 나는 누워

― 「어느 날, 나는」 전문

그대 마음에/꽃 한 송이 피고/그대 마음에/달 떠오르면/내 마음도/그런 줄 아세요//그대 마음에/바람 불고/그대 마음에/나뭇잎 지면/내 마음도/그런 줄 아세요

― 「편지」 전문

남유정의 사랑이란 지독한 가슴앓이다. 어느 날 무덤에 들어서야 사랑과 조우한다. 그러나 안과 밖이 너무 멀다. 손을 흔들고 가슴을 치며 여기 있어요, 여기 있어요… 그러나 발소리가 멀어진다. 그는 어둠의 집에 누워 이제 마음껏 그를 부른다. 목이 타는 가슴앓이다. 그의 시들은 담백하고 순한 것 같은데 뜻밖에 독하고 아리다. 숨겨둔 가시가 「선인장」에서도 잘 드러난다.

> 마지막 낙타 발자국을 지우고
> 사막에 밤이 오면
> 온몸에서
> 바늘이 돋아납니다
>
> 천 개의 바늘은 안으로 찌르는
> 천 개의 고통
>
> 터번을 쓴 사내들이
> 모래 속으로 걸어 들어가고
> 목이 탈 때마다
> 선인장은 가시를 꺼내
> 혓바닥을 찌릅니다
>
> 원시림의 잔해 속에 갑옷을 입은
> 선인장,

내 푸른 몽고반점

　　　　　　　　　　　　　－「선인장」 전문

　가시를 꺼내 혓바닥을 찌를지언정, 천 개의 고통을 참는 선인장. 터번을 쓴 사내들이 모래속으로 걸어 들어가서 목이 타는 선인장, 슬픔으로 갑옷을 입은 선인장. 그 푸른 몽고반점은 시인의 상처이고 끝없는 기다림이다. 끝이 없음은 막막한 사막처럼 황량하다. 그러나 남유정은 천 개의 가시를 삼키고 서있다. 그러나 그것들은 모두 견딜만한 기다림이다. 그녀는 도무지 절망하지 않는다.

　　늦은 봄날이
　　우듬지에 파란 물을 들이붓는다
　　나뭇가지가 살아난다
　　직박구리 몇 마리 날아와
　　부리를 문지르자
　　늦게 말문을 튼 아이처럼
　　나무도 수다스럽다

　　아이들이 돌아간 오후
　　빈 교실로 회화나무를 부른다
　　땀 흘린 아이들을 품어
　　기꺼이 품을 내어주던 넉넉함으로
　　녹색 그늘이 따라온다

> 회화나무 그늘을 베고 눕는다
> 이 아늑함이 내 것이라니
> 정신없이 사다리를 타고 오르내리는
> 직박구리들 사이 나뭇잎
> 푸릇한 숨으로 물들인다

─「회화나무 무릎을 베고 누워」 전문

초등학교 교사인 남유정은 아이들과 하루를 보낸다. 필시 그의 시심의 뿌리는 동심에 묻혀 있을 것이다. 햇봄이 나무들의 우듬지에 파란 물을 들이부으면 어린 아이들은 가방을 메고 학교로 몰려와 부리를 문지르며 재잘재잘 말문이 트일 것이다.

아이들이 돌아간 오후 빈 교실로 회화나무가 걸어오고 그 아늑한 그늘을 베고 눕는다. 이 아늑함이라니! 직박구리 우짖던 소란하던 교실은 이제 고요함으로 충만하다. 만돌린처럼 울고 싶다는 시인은 텅 빈 충만과 들끓는 고요 속에 자신을 눕힌다. 남유정에게 아이들은 그늘과 같다. 지친 마음을 잠시 놓아둔 편안한 그늘에서 감사함을 깨닫는다. 깨닫는 사람에게는 노동도 휴식이다. 그 힘은 대체 어디서 오는가?

> 발가벗긴 몸
> 아홉 달의 아기
> 철제 침대 모서리에 손과 발을 묶인 채
> 새파란 울음소리

수술실 안으로 사라졌다
　　고개를 꺾던 순간
　　시간은 그 자리에 멎었다

　　나는 지상에서 가장 긴 기도를 드렸다
　　　　　　　　　　　　　―「세상에서 가장 긴 기도」 부분

　남유정은 살을 찢고 아이를 낳아본 어미였다. 세상에서 어미처럼 강하고 슬픈 동물이 있던가? 나 역시 아이를 낳는 순간, 여자는 축복과 저주를 함께 받은 몸이라는 걸 알았다. 세상에서 가장 독한 것들은 새끼를 낳은 모든 암컷들이다. 몸 안이 그대로 둥글고 깊은 길인 어미의 신음은 비명에 가깝다. 짐승처럼 울부짖는 소리에 등골이 서늘하다. 고통을 견딘 어미를 이길 사람은 없다. 어느 시인은 신음소리만큼 긴 기도문을 들어본 적은 없다고 했다.

　　한바탕 몸 안의 피 다 쏟아내고
　　훌쭉한 산벚나무
　　산비둘기 한 쌍 품어
　　둥지를 틀었는지
　　뉘엿뉘엿 해거름 수풀이
　　어두워진다

　　　　　　　　　　　　　「산비둘기가 우네」 부분

아이를 낳는 것은 몸 안의 피를 다 쏟는 일, 울컥 비린내가 치밀고 가랑이가 피에 흥건히 젖는 일이다. 산벚나무도 발등에 피를 쏟고 산비둘기 한 쌍을 품었다. 이 모두 사랑 없이는 할 수 없는 일. 어미는 아이를 기르며 고통의 순간을 잊는다. 남유정이 견딜 수 있는 힘은 어미의 질긴 사랑이 시에 고여있기 때문이다. 모성은 본능이지만 개인에 따라 차이가 크다. 그의 어머니도 질긴 모성으로 그녀를 키웠다.

> 어머니의 가슴에 박힌/그늘 넓은/나무 한 그루/다섯 남매가 오글오글/녹색의 빛을 갉아먹으며 자랐다//바람 많은 가지를 부여잡고/그 비를 다 맞으시고/어머니 뿌리는 끝내 뽑히지 않았다
> ―「어머니의 나무」 부분

그는 상처를 견디는 힘으로 시를 쓴다. 아픔도 그에게 닿으면 금세 사랑이 된다.

> 내 어린 날 가슴 졸이며 지나던
> 그늘진 상여 자리
> 물소리에도
> 때죽나무 꽃은
> 저토록 순하게 희어
> ―「때죽나무」 부분

오월이면 뒷산에 때죽나무가 하얗게 피었다. 늘어진 꽃자루에 다닥다닥 꽃이 달리고 스치는 바람에 댕댕댕 종소리가 쏟아졌다.

때죽나무의 열매는 독성이 강해서 예전에는 물고기를 잡는 데 썼다고 한다. 물에 풀면 독이 되어 물고기들이 떼죽음을 당한 것이다. 동학혁명 때 농민들은 무기가 모자라 이 때죽나무 열매를 빻아 화약과 섞어 총알로 사용했고 한다. 때죽은 독이 있는 나무인데 꽃은 순결한 신부처럼 곱다.

남유정은 때죽나무를 잘 아는 시인이다. 그런데 저토록 꽃이 순하다고 한다. 순하다는데, 그 순함이 왜 그늘진 상여자리처럼 쓰라고 아플까? 여린 듯 강하고 슬픈 듯 기쁘고, 텅 빈 듯 가득한 이 느낌은 무엇인가? 그녀의 시는 고요히 절절 끓는다.

마음의詩 22
기차는 빈 그네를 흔들고 간다

ⓒ 남유정 2007

초판인쇄 2007년 12월 20일
초판발행 2007년 12월 25일

지 은 이 남유정
펴 낸 이 김충규
펴 낸 곳 문학의전당
출판등록 제387-2003-00048호(2003년 9월 8일)

주   소 152-841 서울특별시 구로구 구로 6동 97-1 로얄프라자 206호
전화번호 02-852-1977
팩시밀리 02-852-1978
블 로 그 http://blog.naver.com/mhjd2003
전자우편 mhjd2003@naver.com

ISBN 978-89-91006-74-4   03810

* 이 책의 판권은 지은이와 문학의전당에 있습니다.
* 양측의 서면 동의 없는 무단 전재 및 복제를 금합니다.
* 잘못된 책은 바꿔드립니다.